GROVT och GRANT.
Nästan sant.

GROVT och GRANT.
Nästan sant.

TORBJÖRN JOHANSSON

Dikter och spridda tankar i salig röra.

Tidigare utgivning:

Halländska visor, Spektra	1984
Breven hem, Spektra	1990
Vardagsfunderingar från en utkant, BoD	2018
Andra funderingar från utkanten, Utblick Media	2019

Förlag: BoD – Books on Demand, Stockholm, Sverige
Tryck: BoD – Books on Demand, Norderstedt, Tyskland
ISBN: 978-91-7969-493-7

Innehåll

Björkarna

Björkarna
lutar,
Önskar
blåsandet
slutar.

Att bo på landet ...

Att bo på landet innebär ofta att man får lite mer.
När det ösregnar i stan ösregnar det ännu mer på landet.
Blåser det storm i stan har vi orkan här på landet.
Majsen blir som regel högre här än i stan,
Vi har mer avstånd här än i stan,
Posten kommer mera sällan,
Sällsynta fåglar trivs bättre här än i stan
Det mesta är alltså mer här på landet,
Men skam vet om vi ska betala mer för det.

HÖST

Börjar känna mej som Danmark.
Grenen krymper.

SYN

När ni nu ser mej
Krum och böjd
Fram utmed vägen linka.
Tänk då:
Han är ganska nöjd,
Han kan ju ännu pinka.

HÖGSOMMAR

Nu är syrenernas tid
förbi.
För bi
återstår nu resten
av sommarens blomster,
Kattfötter
Gullvivor
Furix
Carvedilol.

LITEN DÅRDIKT
(kan kanske sjungas som Vinternationalen)

Midvinternattens dimma
lyser, grön
står grannens klövervall,
I denna sena timma
Blandas bör och skall
Från hund som låter
Sommar'n komma åter.

Nu vände det

Det blir långsamt ljusare igen.
Idag gör jag bara en sak.
Låter bli att köpa julgran.

HON

Denna dag skenade solen
I rekordfart
Över vår del av himlapällen.
Hon klarade av
Vår åttondel
På fyra timmar och
Trettioåtta minuter blankt.
Nästan Roger Bannisterklass.
Och jag tar för givet att solen,
Såväl som Gud,
Är av honkön.
I alla fall idag.

13:e

Nyponröda färgklickar i häcken mot havet
Rönnbärsröda slöjor i syd.
Däremellan
lite mer diskreta oxelbär,
blekröda,
och sedan de blåsvarta, djupfrysta
fläderbären.
Det enda jag saknar är
Några rödröda vallmoblommor,
Denna sensommardag,
Den 13:e.

MIDSOMMAR

Gullviva, Mandelkubb, Kattfötter och Svartfötter
Plockade jag tills jag blev trötter
Lade dem vid mina fötter,
Plus en liten påse nötter.
Sedan drömde jag så sött
Men drömde inte om nå'n tjej
Utan drömde mest om mej
Vakna' ännu mera trött
Midsommarnatten var alltför kort
Tiden flög fort
Och inget blev gjort.

KORT

Rönnbären i år
Blir inte många,
Kan det bero
på rönnens grenar långa?
Näringen till bären
Kan ta slut
Innan den når
till yttersta bären ut
Den dunstar liksom
under färden bort
bättre då
om grenen varit kort.

ATT ÅLDRAS

Att åldras är kanske att dö en smula
Bit för bit för bit,
Delar av kroppen börjar bli fula
Kalufsen blir vit,
Ögonvitorna bli gula
Blicken kanske skum
Men sken kan bedra
Det är inte helt klart
Att man blir dummare
På äldre da'r.

SKOLMINNE?

Att komparera lärarinna gick galant
På den tiden lärarinnan var en tant,
Lärarinna
Lärarann
Lar ha runnit
Lär vara utrunnen,
Men egentligen var hon nog inte
Helt igenom elak,
Min småskolefröken,
På lördagarna varken luggade
Eller agade hon oss,
Förmodligen ansåg hon
Att lördagarnas utantilläxor
på psalmverser
Var straff nog.

SKOLMINNE II

Syrenernas doft så tung
Men ändå så lätt att bära,
Den minner om barndomsdröm
Då sommar'n kom riktigt nära,
Skolavslutning med liljekonvalj
I tredje klass fick jag en ny kavaj
(omsydd av morbrors kostym)
Hemma igen stod syrenen i blom;
Doftande barndom.

OM GRANNEN

Grannens gran står så grön och grann
Önskar min var likadan,
Hans är högväxt, rak och vacker,
Min är krokig, sned och skacker,
Barr så gröna har hans gran,
Min gran däremot, liknar fan.

Hårda tider nu.
Grannens pension är så låg så
Han har inte längre råd att ha katt.
Istället fick han skaffa en hink som spann.

NOBEL

Tänk om snusfabrikören
Hade döpt sitt snus till Nobel istället för General,
Så otroligt många nobelpriser det blivit.

PLÅGAD

Marterad av kärlekens plågor
Pinad av skam och begär,
I mina snedslitna lågskor
Undrar jag, vad gör jag här.

Handelsboden

Den växer oavbrutet
Den lokala handelsboden.
Nu har mejeriavdelningen delats i två:
Den ena omfattar allt i äggväg,
Chefen kallas äggledare.
På Frukt & Grönt har man nu
En fruktansvärd som ser till det hela.

Man gör även reklam för julrosor, enbenta.
Jag frågade varför dom enbenta var bättre än dom två-
benta, fick svaret:
Dom går inte ut lika fort.

IGEN ...

*Den gamla trotjänaren puttrade på så förnöjt
den milda dag i våras när säsongen inleddes.
Den startade med ett lustfyllt rytande, mullrade
sedan tidvis som avlägsen åska och viftade glädjefyllt
med knivarna i ankelhöjd.
Efter den torra och tidvis overksamma sommaren
Har den nu kommit in i ett harmoniskt, klorofyllfärgat
beteende. Snart ska den få inträda i sin vintervila och
drömma om spirande klöver.*

Om sex månader ses vi igen, gräsklipparen och jag.

*Nu kommer sjöröken inrullande
Den stjäl horisonten.*

REGN

Nu tvättar förhöstregnet bort
Stormsaltet från mina fönster,
I alla fall de som är vända åt väster.
Signade regn.

Nu plirar små lyktor
Så vänligt i kvällen,
På marken, dock inte på himlapällen,
Ty där är det svart
Som i sotarens häck
Som hade den färgats av Lucifers bläck.

VARIANT

En glad organist
på en främmande vind,
Han spelar så tårarna
tillrar på kind,
på stolen han snurrar
i huve't det surrar
Det sjunger en orgel
på vinden.

DIMMA

En dimma så trolsk
Så mild, nästan mollsk,
Har smugit sej in över kusten.
Fast klockan blott sju
Är det mörkt som vid tio
Men fåglarna sjunger
Från alla håll,
Och sommaren anas,
Han står där på lur
Bak Lisereds sten
För att locka fram lust.

Den som påstår att jorden är platt
Har aldrig försökt
att cykla uppför Hallandsås.

MARSRAPPORT

Över tinande tundra nu stiger
vårrök, lik älvadans,
Alpackorna
Öster om Agerör
Vårleker,
På cykelbanan segar sig
en svartklädd rullskidåkare
envetet mot syd.
Förmodligen
en pensionär
på vägar hem
från Hasaloppet.

DAGSMEJA – PÅ RIKTIGT

Det droppar och dripplar från taken
Det plaskar och slaskar och glittrar i solen,
Harpaltarnas vilda spårstämplar växer
Nu ser det ut som om två halvlulliga björnar
Dansat hambo på åkern härutanför.

Idag är den dag då småfåglarna,
enligt gammal folktro,
inleder vårens kärleksliv.
Ack, den som ändå vore en sparv,
eller i alla fall en liten mes.

STILLA

Dyning har lagt sej
Kattegatt stillnat
Ute i nordväst blinkar vänligt
lanternor från tre fiskebåtar.
Drar dom månne havskräftor?
Det vattnas i munnen
vid tanken
på kräftor med tillbehör.
Under fullmånen.

HAV

Lutar i länstol
Riktad mot havet
Halländska havet som lutar mot land,
Sträcket ut armen
Kupar min karda
Nu har jag hav i min hand.

Limerickar som tar dej kors
och tvärs i vår vackra värld.

POETEN

Poeten Hans A C Berlin
Är i kanten så otroligt fin,
Båda kinderna blossar
När han talar om gossar
Som leker med blommor och bin.

VID HAVET

Vid havet i badorten Åsa
Ses en kyrkoadjunkt stå och flåsa
Bland blommor och bin
Med gudsnådelig min,
Han försöker att tömma sin blåsa.

ASKEN

I torpet i Ölandsbyn Asken
Fanns en yngling som kallades Masken
Han gnidde' och gned
Han vrängde och vred
Men den blev aldrig större, tasken.

LJUDER

Vid gudstjänst i kyrkan i Ljuder
Blir man, som skrifterna bjuder
Befriad från skuld
Av vår Herre så huld
Tillochmed om man är luder.

Ö

Strax utanför Varberg finns Vendelsö
Där bodde en gång en förtjusande mö,
Hon var huld och vän
Dock stundom rätt frän,
Deflorerade gossarna pö om pö.

FEGEN

I halländska samhället Fegen
Där bor det en man, ganska egen,
Så frodig och rund
Med vitlök från Lund
Han smaksätter pepparkaksdegen.

SKUMMESLÖVSSTRAND

Där sitter en tärna vid Skummeslövsstrand
Så gärna hon vill sätta hjärtan i brand
Så fager, så söt
Och tillräckligt blöt
För att egga en stake på paradisstrand.

BILLDAL

I Billdal sitter en brud så brysk
Och kniper med benen ty hon är kysk
Hon älskar sol
Har kortkort kjol
Men sängen har hon hyrt hos Jysk.

KRAFT

Där bodde vid Videbergs hamn
En däga med västkustens varmaste famn
Hon sa' jag vill krama
Båd' halta och lama
I den halländska kärnkraftens namn.

SMÅRIS

I Småris vid Falkenbergskusten minsann
En strålande Donna ibland stiger fram
I kläder av läder
Som skimrar, hon träder
Emot oss ibland denna Spader Madam.

Morups tånge

Där finns nere vid Morups tånge
Strax intill fyren, den långe,
En musikerklan
Som glada som barn
Spelar upp sina keltiska sånge(r)

HÖÖR

En dansbandsbasist ifrån Höör
Kämpade på med sitt skånska gehör
Han sa, ja' kan höra't
Med det vänstraste örat,
För det högra behövs instruktör.

STENINGE STRAND

Där sågs ner' vid Steninge strand
En dam med ett metspö i hand
Hon sa «När jag agnar
Med Gin kommer Ragnar,
Med vin kommer kungen av sand».

ÅRNÄS

I Årnäs strax intill Åskloster
Huserar en oskuldsfull moster
Hon tokälskar spex
Har dagligen sex
Fixar oskulden sen med ett plåster.

STRÖMMA

En tankfull flicka från Strömma
Ses om kvällarna sitta och drömma
Om en yngling viril
Som med klass och med stil
Sej i henne så gärna vill tömma.

TORUP

Där bor uti Torup en tärna
Som vill, både ofta och gärna
Hon smilar och ler
Och lovar än mer
Men vill ändå oskulden värna.

DELLEN

I Hälsingland, söder om Dellen
Finns en pangbrud som heter Ellen
Men kyssar och smek
Och erotisk lek
Idkar hon endast om kvällen.

LAHOLM

I Laholm, ner' vid Glänninge sjö
Där bor det så fager en mö
Då hon öppnar på glänt
Vilket faktiskt har hänt
Står laholmarna redan i kö.

GLOMMEN

En fiskhandlargrabb ifrån Glommen
Var snabb som en iller med rommen
Var dag klockan fem
Han smekte sin lem
Och en minut över så kom en

Morgonen är vacker,
Kvigorna på strandängen
höjda huvuden:
Som vore de älgar.

MINIMORALITET

Midnatt rådde. Det var tyst i huset. En komfortabel tystnad som inträder natten före julafton då djuren kan tala och människor är tysta. Plötsligt bryts tystnaden. En av mina katter, Close, kommer klampande. Han tittar allvarligt på mej och säjer: Vi, Safe och jag, trivs ganska bra med dej, men du måste sluta upp med att tala till oss som vore vi barn. Vi är fullvuxna katter nu och vill bli behandlade som sådana. Sluta alltså upp med barnspråket så kommer vi att trivas ännu bättre med dej.

Jag vaknade i skinnfåtöljen framför TV:n, reste mej, släckte lampan och gick till sängs.

NU

Nu doftar sol
Och kaprifol
Sunnan leker
Och vänligt smeker
Min nyklippta skult.
Långt fjärranifrån
Hörs åskans dån
Snart kommer stunder
Med blixt och dunder
Snart vinden tjuter
Men jag njuter
Med en bok.

SKOLAVSLUTNING

En lektor från Falköping Ranten
Stod längst ute på plattformskanten
Tåget kom fort
Lektorn for bort
Kvar på Ranten finns nu bara vanten.

RÄNNESLÖV

I sydliga Halland, i Ränneslöv
Där bor det en dam med en fot som en klöv
Hon är stilig i övrigt
Uppför sej hövligt
Men har ock en gigantisker röv

MINNE

En mild decemberkväll
För femtiofem år sedan
Under södra korsets stjärnhimmel
Tog hon mina händer i sina,
Smekte dem försiktigt
Med sina solvarma pekfingrar och sa:
Ni skandinaver har så mjuka händer, hur kan det
komma sej?
Gömmer ni dom för solen, eller stoppar ni ner dom i snön?
Leendet i hennes ögon kunde bara anas.
Nu se jag på dessa händer igen.
De är blivna gammelmanshänder,
Men fortfarande kan de hålla en fiol, hjälpligt.

HALVMÅNEN

Halvmånen lutade sej
lättjefullt mot horisonten,
Snart sam den på rygg mot Skagen,
Där det satt en sömnlös kvinna
som genom fönstret såg den passera mot gamla Nordsjön,
förbi brittiska öarna ut
mot Nordatlanten.
Kl. 07.00 steg vi båda upp.
Månen en halv sjömil väst för New Foundland,
Jag 260 meter från Kattegatt.

Spännande match – idag håller jag på motståndarna.

KVIBILLE

I Halländska orten Kvibille
Fanns en som dom kalla den lille
Prydlig och läcker
Ibland lite fräcker ...
För han ville så gärna, den lille.

GETINGE

I Getinge bodde en kvinna med sting
Hon saknade intet, nej platt ingenting
Smart och alert
Och relativt smärt
Men letade ständigt sitt livs tingeling.

GALTABÄCK

I Galtabäck finns en filur
Med rätt egendomlig figur,
Bred och platt över baken
Men självaste s(t)aken
Är smal som en sliten sutur.

Fick en liten infektion.
Gick till doktorn.
Han undersökte och sa:
«Det är inte så farligt, men ingenting
Att leka med i din ålder.»
«Det hade jag inte tänkt göra heller,» svarade jag.

STAFSINGE

Där bodde en junker vid Stafsinge strand
Han satte damernas sinnen i brand
Så vän och så ljuv
Men likväl en tjuv,
Han stal med båd' tunga och hand.

FRÖSLIDA

Bak missionshuset uti Fröslida
Ses ibland en pys sitta och gnida
I lönn sitt kön
Bak buske grön
I brist på riktig slida.

SAGA *(till mina isländska vänner)*

En sliten och glåmig poet ifrån Haga
Försökte på isländska dikta en saga
Frustrerad och ilsk
Ja, till och med pilsk
Han tog sej med nödrim av daga.

Ettusenfemhundrasextiotvå
Maskrosor stå förnumstigt nickande i min gräsmatta.
Säja vad man vill om maskrosor,
Men visst är dom lättskötta.

SENSOMMARPSALM

Solen glimmar blank och rund
Här sitter jag en liten stund
och njuter av naturen,
I slutet av min levnads stund
Från patient jag blev till kund
I nya vårdkulturen.

HallandsPosten skriver idag att vattnet
måste kokas i Simlångsdalen.
För mej blir det en resa på 45 kilometer
enkel väg.
Varför kan jag inte få koka mitt vatten hemma?

15:e maj

Den 15:e maj var en mild och vacker dag även i år.
Den här dagen för 70 år sedan fick jag en lillasyster.
Jag minns inte så mycket av det mer än att när mamma
Och systern var hemkomna från BB skrek hon för-
skräckligt mycket. Inte mamma men min syster.
Jag försökte mata henne med det bästa jag visste: Marie-
kex. Det hjälpte inte. Hon skrek bara mer och mer ända
tills någon vuxen i rummet tröstade henne och bar ut
mej. Åren gick, systern växte upp till en riktig människa,
både vacker och söt och snäll, trodde många.
Det var hon, men även en mycket begåvad retsticka. Det
var inte alltid lätt att vara klok och beskyddande store-
bror, så den rollen lämnade jag ganska snabbt.
Tiden har gått. Hon är fortfarande väldigt söt och kvick i
repliken. Stor Gratulationskram till IngaMay.

Alla intressen behöver inte odlas.
En del självdör ändå.

Nu lyser solen alltför starkt
Kastade en blick i spegeln.
Det intryck den omedelbart smashade tillbaks var:
Antikrundan!

Så milt och så skönt i vår Herres Hage
Där solen smeker min runda mage,
Den börjar likna en bifftomat,
Jag bara sitter här och är lat.